Male Punkte in das Hunderterfeld:

Schreibe die Zahlen in das Hunderterfeld:

1									
									100

$\oplus$	2	5	4	7	6
11					
14					
13					
12					
15					

$\oplus$	6	9	8	5	10
11					
17					
16					
19					
18					

$\oplus$	3	9	4	7	6
21					
24					
23					
22					
25					

$\oplus$	4	7	10	9	6
28					
27					
26					
29					
21					

$\oplus$	2	7	4	5	3
35					
32					
33					
34					
31					

$\oplus$	6	2	8	3	10
36					
39					
38					
37					
31					

$\oplus$	6	3	9	5	7
41					
45					
43					
44					
42					

$\oplus$	2	7	4	9	8
48					
47					
46					
49					
41					

Wir üben:

⊕	5	4	7	8	9
23					
32					
41					
54					
25					

⊕	4	3	6	7	5
42					
53					
24					
61					
35					

⊕	4	3	6	5	7
21					
45					
63					
72					
84					

⊕	3	4	6	7	9
92					
73					
64					
51					
22					

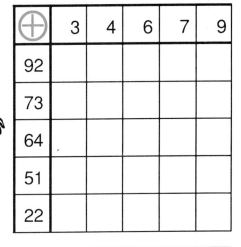

⊕	2	8	4	6	7
44					
71					
85					
93					
33					

⊕	4	7	6	8	3
31					
52					
65					
83					
94					

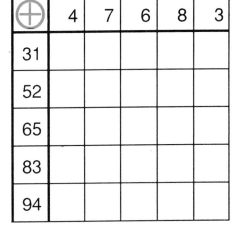

⊕	3	4	9	7	10
62					
75					
81					
85					
34					

⊕	5	7	2	9	10
43					
55					
82					
81					
24					

3

−	5	3	9	6	4
11					
14					
13					
12					
15					

−	6	2	8	7	10
16					
17					
18					
19					
11					

−	2	7	4	9	10
24					
32					
23					
21					
25					

−	6	3	8	5	10
28					
27					
26					
29					
21					

−	4	3	2	5	10
33					
32					
37					
34					
39					

−	5	7	10	9	8
36					
33					
38					
35					
31					

−	2	8	4	10	6
41					
44					
43					
47					
45					

−	10	7	5	9	3
46					
42					
48					
43					
41					

Wir üben:

⊖	5	4	6	8	7
23					
32					
41					
54					
25					

⊖	4	5	6	7	8
42					
53					
24					
61					
35					

⊖	5	4	6	8	7
21					
45					
63					
72					
84					

⊖	4	5	6	7	8
92					
73					
64					
51					
22					

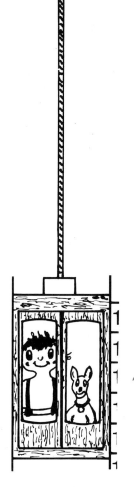

⊖	5	4	6	8	7
44					
71					
85					
93					
33					

⊖	4	5	6	7	8
31					
52					
65					
83					
94					

⊖	5	4	6	8	7
62					
75					
81					
95					
34					

⊖	4	5	6	7	8
43					
55					
82					
91					
24					

Die Rechenuhr wird aufgezogen. Beginne mit der oberen Zahl.

11 + 16 = ☐27☐	18 + 15 = ☐	12 + 8 = ☐
☐27☐ + 5 = ☐32☐	☐ + 10 = ☐	☐ + 7 = ☐
☐32☐ + 18 = ☐	☐ + 7 = ☐	☐ + 15 = ☐
☐ + 11 = ☐	☐ + 18 = ☐	☐ + 12 = ☐
☐ + 16 = ☐	☐ + 15 = ☐	☐ + 8 = ☐
☐ + 5 = ☐	☐ + 10 = ☐	☐ + 7 = ☐
☐ + 18 = ☐	☐ + 7 = ☐	☐ + 15 = ☐

Rechne an der Rechenuhr:

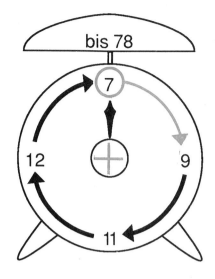

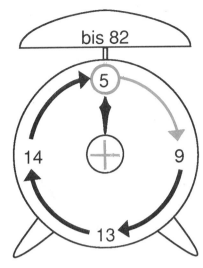

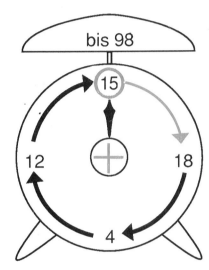

7 + 9 = ☐	5 + 9 = ☐	15 + 18 = ☐
☐ + 11 = ☐	☐ + 13 = ☐	☐ + 4 = ☐
☐ + 12 = ☐	☐ + 14 = ☐	☐ + 12 = ☐
☐ + 7 = ☐	☐ + 5 = ☐	☐ + 15 = ☐
☐ + 9 = ☐	☐ + 9 = ☐	☐ + 18 = ☐
☐ + 11 = ☐	☐ + 13 = ☐	☐ + 4 = ☐
☐ + 12 = ☐	☐ + 14 = ☐	☐ + 12 = ☐

Die Rechenuhr läuft ab. Ziehe zuerst die obere Zahl ab.

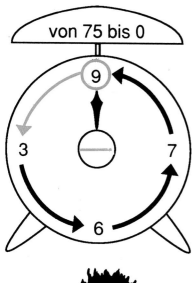

von 75 bis 0

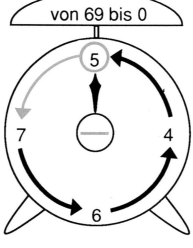

von 69 bis 0

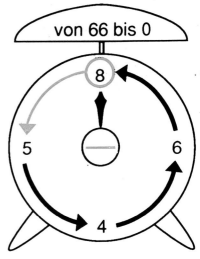

von 66 bis 0

75 - 9 = 66	69 - 8 = ☐	66 - 5 = ☐
66 - 3 = 63	☐ - 5 = ☐	☐ - 7 = ☐
63 - 6 = ☐	☐ - 4 = ☐	☐ - 6 = ☐
☐ - 7 = ☐	☐ - 6 = ☐	☐ - 4 = ☐
☐ - 9 = ☐	☐ - 8 = ☐	☐ - 5 = ☐
☐ - 3 = ☐	☐ - 5 = ☐	☐ - 7 = ☐
☐ - 6 = ☐	☐ - 4 = ☐	☐ - 6 = ☐
☐ - 7 = ☐	☐ - 6 = ☐	☐ - 4 = ☐
☐ - 9 = ☐	☐ - 8 = ☐	☐ - 5 = ☐
☐ - 3 = ☐	☐ - 5 = ☐	☐ - 7 = ☐
☐ - 6 = ☐	☐ - 4 = ☐	☐ - 6 = ☐
☐ - 7 = ☐	☐ - 6 = ☐	☐ - 4 = ☐

Rechne an der Rechenuhr:

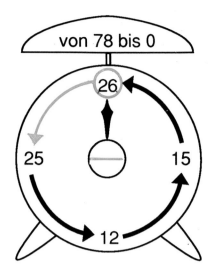

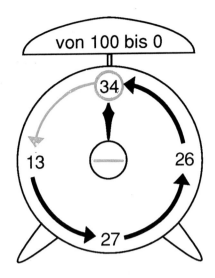

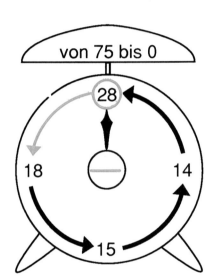

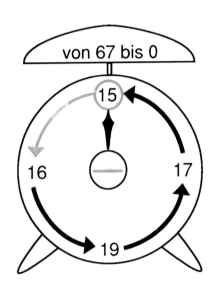

78 - 26 = ☐

☐ - ☐ = ☐

☐ - ☐ = ☐

☐ - ☐ = ☐

100 - 34 = ☐

☐ - ☐ = ☐

☐ - ☐ = ☐

☐ - ☐ = ☐

75 - 28 = ☐

☐ - ☐ = ☐

☐ - ☐ = ☐

☐ - ☐ = ☐

67 - 15 = ☐

☐ - ☐ = ☐

☐ - ☐ = ☐

☐ - ☐ = ☐

Wir üben:

Uli macht Zielwerfen. Zähle seine Punkte:

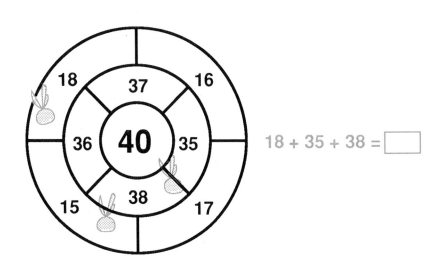

$18 + 35 + 38 =$ ☐

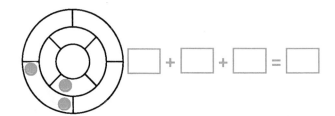 ☐ + ☐ + ☐ = ☐   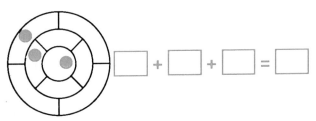 ☐ + ☐ + ☐ = ☐

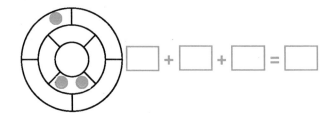 ☐ + ☐ + ☐ = ☐   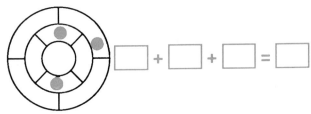 ☐ + ☐ + ☐ = ☐

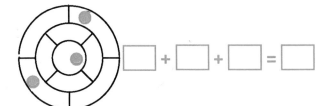 ☐ + ☐ + ☐ = ☐   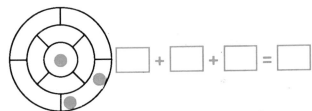 ☐ + ☐ + ☐ = ☐

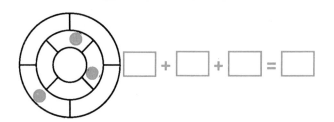 ☐ + ☐ + ☐ = ☐   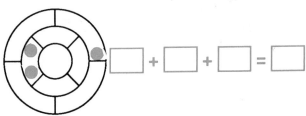 ☐ + ☐ + ☐ = ☐

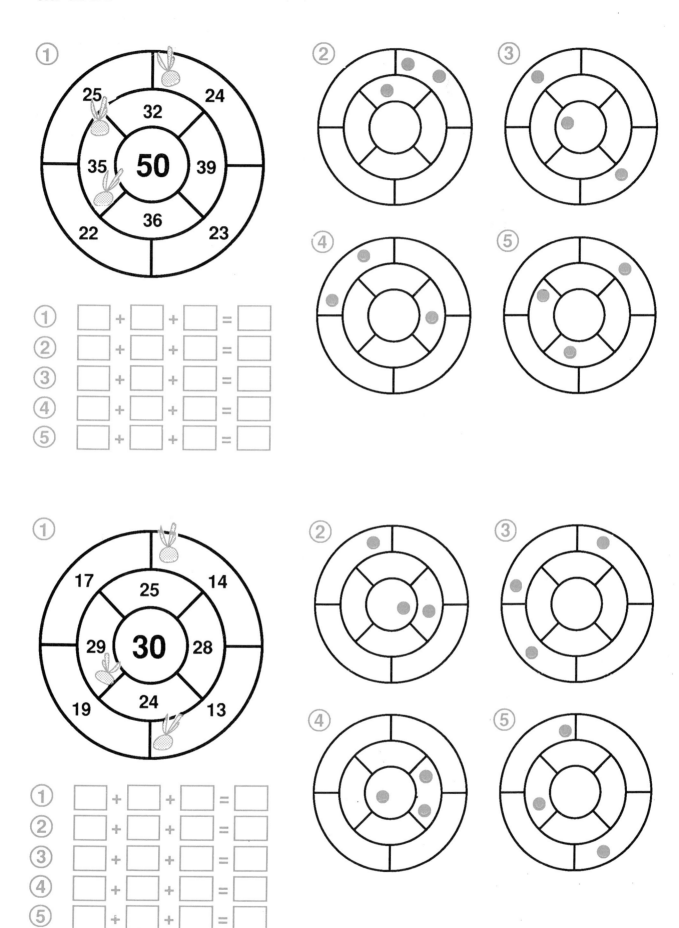

① ☐ + ☐ + ☐ = ☐
② ☐ + ☐ + ☐ = ☐
③ ☐ + ☐ + ☐ = ☐
④ ☐ + ☐ + ☐ = ☐
⑤ ☐ + ☐ + ☐ = ☐

① ☐ + ☐ + ☐ = ☐
② ☐ + ☐ + ☐ = ☐
③ ☐ + ☐ + ☐ = ☐
④ ☐ + ☐ + ☐ = ☐
⑤ ☐ + ☐ + ☐ = ☐

Rechengeschichten

Auf dem Kinderfest kann man Zielwerfen machen, Manuela, Markus, Selim, Tim und Uwe werfen.

① Frage: _____

Rechnung: __ _____

Antwort: _____

② Frage: _____

Rechnung: __ _____

Antwort: _____

③ Frage: _____

Rechnung: __ _____

Antwort: _____

④ Frage: _____

Rechnung: __ _____

Antwort: _____

⑤ Frage: _____

Rechnung: __ _____

Antwort: _____

Sieger: _____ _____

Rechengeschichten

	15	25	30	35	40
Bernd		I	I		
Anja	I				I
Sven			I	I	
Carmen		I			I
Horst					

Beim Schulfest kann man Dosen werfen.

① Frage: _____

Rechnung: _____

Antwort: _____

② Frage: _____

Rechnung: _____

Antwort: _____

③ Frage: _____

Rechnung: _____

Antwort: _____

④ Frage: _____

Rechnung: _____

Antwort: _____

⑤ Frage: _____

Rechnung: _____

Antwort: _____

Sieger: _____

Rechengeschichten

① Obsthändler Müller kauft auf dem Großmarkt ein.

Frage: _____

_____

Rechnung: _____

Antwort: _____

_____

② Lisa und Peter tauschen Murmeln.

Frage: _____

_____

Rechnung: _____

Antwort: _____

_____

Rechengeschichten

① Andreas spielt mit Murmeln. Er hat 76 Stück in seinem Beutel. Am Nachmittag spielt er mit seinem Freund. Er gewinnt 9 Murmeln.

Frage: _____

_____

Rechnung: _____

Antwort: _____

_____

② Im Stadtpark ist ein Fahrradrennen.

Frage: _____

_____

Rechnung: _____

Antwort: _____

_____

③ Die Kinder des Turnvereins machten eine Radtour. Am ersten Tag fuhren sie 49 km, am zweiten Tag nochmals 45 km.

Frage: _____

_____

Rechnung: _____

Antwort: _____

_____

Rechengeschichten

① Ingo und Sven haben von Oma Geld zum Geburtstag bekommen.

Frage: _____

_____

Rechnung: _____

Antwort: _____

_____

Frage: _____

_____

Rechnung: _____

Antwort: _____

_____

② Sascha sammelt Briefmarken.

Jetzt sind es 37 Marken aus Deutschland und 40 Marken aus Europa.

Frage: _____

_____

Rechnung: _____

Antwort: _____

_____

Rechengeschichten

① Frau Huber kaufte in der Stadt ein. 37 DM gab sie für Vorhangstoff aus. 20 DM kostete die Tischdecke. Für 30 DM kaufte sie Geschirr ein.

Frage: _____

_____

Rechnung: _____

Antwort: _____

_____

② Auf einem Parkplatz stehen bereits 64 Autos. Innerhalb einer halben Stunde parken weitere 30 Autos. Es fährt aber kein Auto weg.

Frage: _____

_____

Rechnung: _____

Antwort: _____

_____

③ Von den Schülern der beiden dritten Klassen können schon 26 Schüler schwimmen. 20 Schüler sind leider noch Nichtschwimmer.

Frage: _____

_____

Rechnung: _____

Antwort: _____

_____

④ Klasse 3b zählte Autos an der neuen Brücke. Innerhalb einer Stunde fuhren 76 Personenwagen und 20 Lastwagen vorbei.

Frage: _____

_____

Rechnung: _____

Antwort: _____

_____

① Oliver arbeitet in der Bäckerei Bauer. Jeden Morgen packt er die bestellten Brötchen ein. Heute hat Frau Lange 50 Brötchen bestellt. Oliver legt immer 10 Brötchen zusammen:

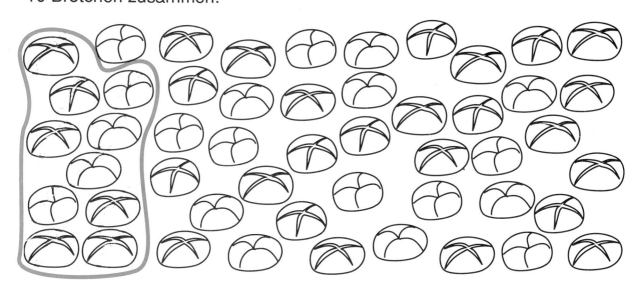

② Nun packt er immer 10 Brötchen in eine Tüte. Streiche die Brötchen oben durch:

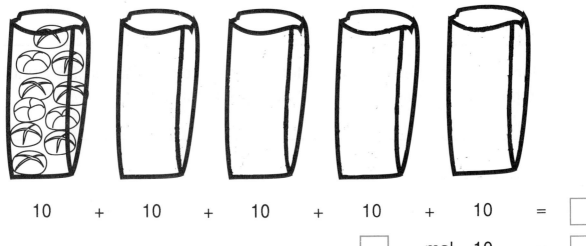

10 + 10 + 10 + 10 + 10 = ☐

☐ mal 10 = ☐

☐ • 10 = ☐

③ Rechne:

4 Tüten = 10 + 10 + 10 + 10 _____ = ☐ • 10 = ☐

5 Tüten = _____ = ☐ • 10 = ☐

2 Tüten = _____ = ☐ • 10 = ☐

1 Tüte = _____ = ☐ • 10 = ☐

3 Tüten = _____ = ☐ • 10 = ☐

Ordnen und verteilen

① Die Firma Lühne bestellt 70 Brötchen. Oliver legt immer 10 Brötchen zusammen:

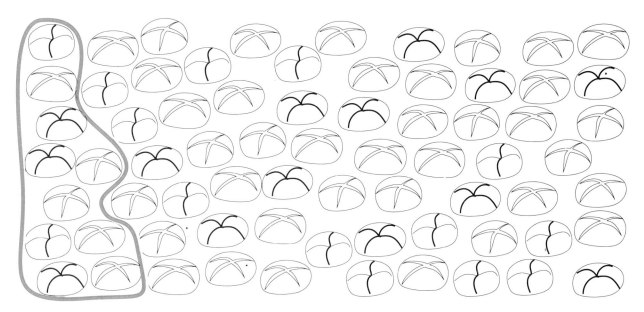

② Nun packt er immer 10 Brötchen in eine Tüte.
Streiche die Brötchen oben durch:

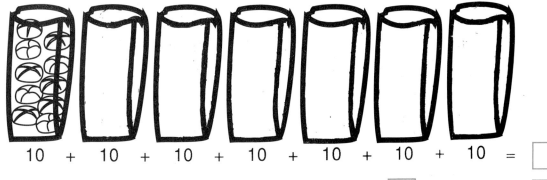

10 + 10 + 10 + 10 + 10 + 10 + 10 = [ ]

[ ] mal 10 = [ ]

[ ] • 10 = [ ]

③ Rechne:

7 Tüten = 10 + 10 + 10 + 10 + 10 + 10 + 10 = [ ] • 10 = [ ]

5 Tüten = _____ = [ ] • 10 = [ ]

4 Tüten = _____ = [ ] • 10 = [ ]

6 Tüten = _____ = [ ] • 10 = [ ]

2 Tüten = _____ = [ ] • 10 = [ ]

3 Tüten = _____ = [ ] • 10 = [ ]

Ordnen und verteilen

① Herr Sauer packt Bleistifte ein. Immer 5 Bleistifte legt er zusammen.

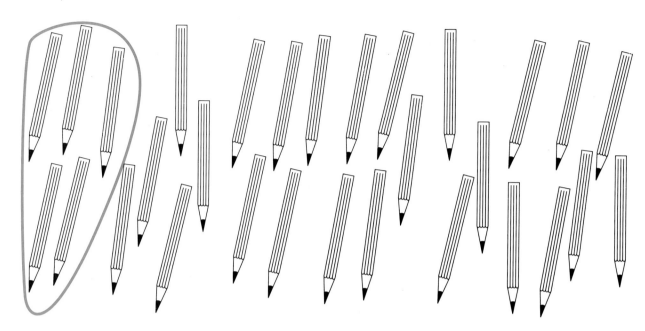

② Nun legt Herr Sauer immer 5 Bleistifte in eine Schachtel.

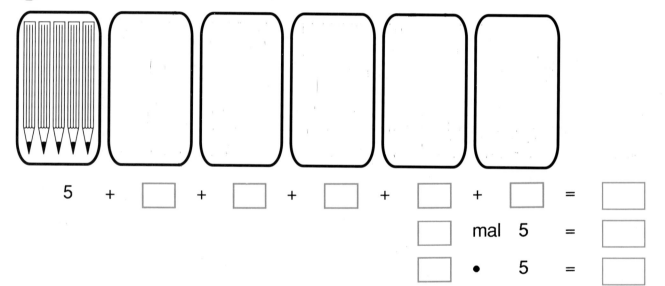

5 + ☐ + ☐ + ☐ + ☐ + ☐ = ☐

☐ mal 5 = ☐

☐ • 5 = ☐

③ Rechne:

3 Schachteln = _____ = ☐ • 5 = ☐

5 Schachteln = _____ = ☐ • 5 = ☐

7 Schachteln = _____ = ☐ • 5 = ☐

2 Schachteln = _____ = ☐ • 5 = ☐

6 Schachteln = _____ = ☐ • 5 = ☐

Ordnen und verteilen

① Auf den Großmarkt werden Apfelsinen verpackt. Immer 5 Apfelsinen kommen in ein Netz.

② Rechne:

5 Netze = _____ = ☐ • 5 = ☐

7 Netze = _____ = ☐ • 5 = ☐

4 Netze = _____ = ☐ • 5 = ☐

6 Netze = _____ = ☐ • 5 = ☐

3 Netze = _____ = ☐ • 5 = ☐

③ In der Süßwarenfabrik werden Lutscher verpackt. Immer 5 Lutscher kommen in eine Tüte

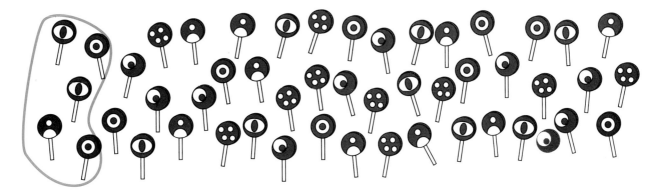

④ Rechne:

8 Tüten = _____ = ☐ • 5 = ☐

7 Tüten = _____ = ☐ • 5 = ☐

4 Tüten = _____ = ☐ • 5 = ☐

9 Tüten = _____ = ☐ • 5 = ☐

Ordnen und verteilen

① Robin hat Felder gelegt. Suche zu jedem Feld eine Mal-Aufgabe. Kannst du sie ausrechnen?

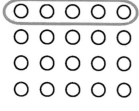

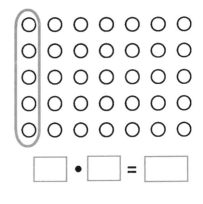

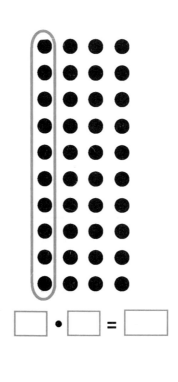

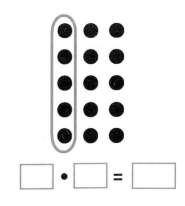

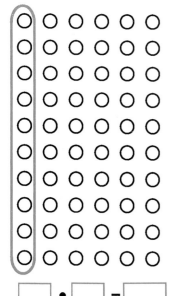

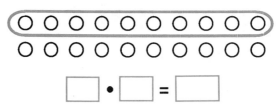

② Wie viele Punkte hat dieses Feld? Suche zwei Mal-Aufgaben:

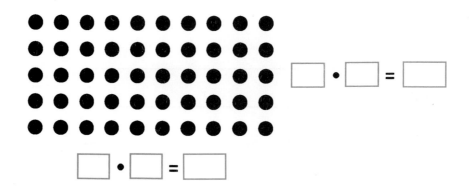

22

Ordnen und verteilen

③ Suche zu jedem Feld zwei Mal-Aufgaben:

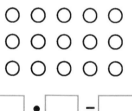

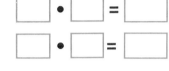

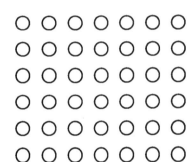

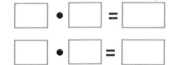

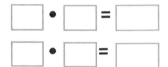

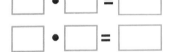

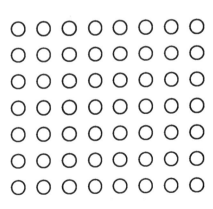

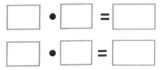

① Sven hat eine neue Rechenmaschine. Wie viele Kugeln zählt er?

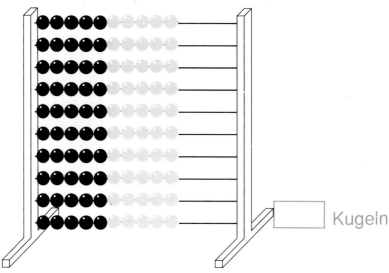

Kugeln

② Wie viele Kugeln sind es?

1 Reihe   =   1 • 10 =   10 Kugeln _____

3 Reihen = _____

5 Reihen = _____

7 Reihen = _____

9 Reihen = _____

2 Reihen = _____

4 Reihen = _____

6 Reihen = _____

8 Reihen = _____

10 Reihen = _____

③ Wie viele Reihen sind es?

20 Kugeln = _____

50 Kugeln = _____

90 Kugeln = _____

30 Kugeln = _____

Einmaleins mit 10

10 = 1 • 10 = 10

10 + 10 = 2 • 10 =

=

=

=

=

=

=

=

Welche Zahlen gehören zur 10-er-Reihe?
Kreise sie ein:

20, 40, 63, 70, 100, 12, 10, 50, 80, 30, 60, 90

25

Wir üben:

① Bauer Sommer verpackt Eier.

Wie viele Kartons hat er gepackt?

Wie viele Eier sind es?

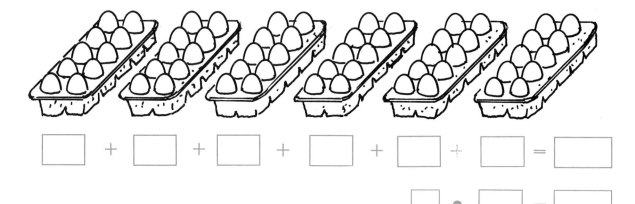

☐ + ☐ + ☐ + ☐ + ☐ + ☐ = ☐

☐ • ☐ = ☐

② Wie viele Eier sind es?

2 Kartons = 2 • 10 = _____

7 Kartons = _____

10 Kartons = _____

3 Kartons = _____

5 Kartons = _____

③ Wie viele Kartons sind es?

10 Eier = _____

90 Eier = _____

40 Eier = _____

80 Eier = _____

60 Eier = _____

④ Schreibe die 10-er-Reihe auf:

____ ____ ____ ____ ____ ____ ____ ____ ____

Zauberquadrate

6	1	8
7	5	3
2	9	4

•10 →

60	10	80

4	9	2
3	5	7
8	1	6

•10 →

8	3	4
1	5	9
6	7	2

•10 →

3	6	5
8	1	4
9	2	7

•10 →

Einmaleins mit 5

① Sven schaut seine Rechenmaschine genau an.

Nun zählt er die blauen Kugeln:

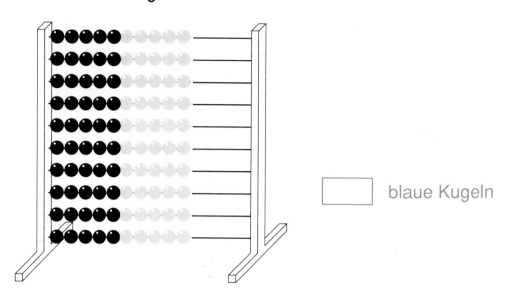

blaue Kugeln

② Wie viele blaue Kugeln sind es?

1 Reihe = 1 • 5 = _____

3 Reihen = _____

6 Reihen = _____

4 Reihen = _____

9 Reihen = _____

7 Reihen = _____

③ Wie viele Reihen sind es?

40 blaue Kugeln = _____

10 blaue Kugeln = _____

25 blaue Kugeln = _____

50 blaue Kugeln = _____

5 blaue Kugeln = _____

Einmaleins mit 5

5   =   1 • 5 =   5

5 +   5   =   2 • 5 =

=

=

=

=

=

=

=

=

Welche Zahlen gehören zur 5-er-Reihe?
Kreise sie ein:

7,   10,   15,   35,   41,   5,   45,   25,   29,   30,   50,   20,   40,   37

Wir üben:

① Jana stickt Blumen aus Perlen.

Wie viele Blumen hat sie schon?
Wie viele Perlen sind es?

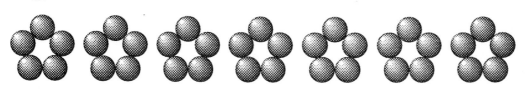

☐ + ☐ + ☐ + ☐ + ☐ + ☐ + ☐ = ☐

☐ • ☐ = ☐

② Wie viele Perlen sind es?

3 Blumen = 3 • 5 = _____ Perlen _____

7 Blumen = _____

4 Blumen = _____

9 Blumen = _____

6 Blumen = _____

③ Wie viele Blumen sind es?

10 Perlen = _____

50 Perlen = _____

5 Perlen = _____

25 Perlen = _____

40 Perlen = _____

④ Schreibe die 5-er-Reihe auf:

___ ___ ___ ___ ___ ___ ___ ___ ___

Zauberquadrate

6	1	8
7	5	3
2	9	4

●5 →

30	5	40

4	9	2
3	5	7
8	1	6

●5 →

8	3	4
1	5	9
6	7	2

●5 →

3	6	5
8	1	4
9	2	7

●5 →

① Frau Reiser räumt Schuhe ein.

Wie viele Schuhe passen in den Schrank?

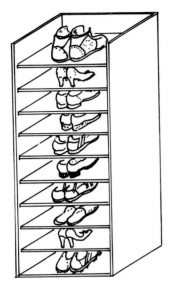

⬜ Schuhe

② Wie viele Schuhe sind es?

2 Paare = 2 • 2 =   Schuhe _____

6 Paare = _____

9 Paare = _____

7 Paare = _____

5 Paare = _____

③ Wie viele Paare sind es?

2 Schuhe = _____

20 Schuhe = _____

16 Schuhe = _____

8 Schuhe = _____

6 Schuhe = _____

2   =   1 • 2 =   2
_____

2 + 2   =   2 • 2 =
_____

                                                    =
_____

                                                    =
_____

                                                    =
_____

                                                    =
_____

                                                    =
_____

                                                    =
_____

                                                    =
_____

                                                    =
_____

Welche Zahlen gehören zur 2-er-Reihe?
Kreise sie ein:

1,   2,   5,   6,   4,   10, 13, 20, 23, 8,   12, 15, 14, 16, 18, 20

Wir üben:

① Mutter hat Strümpfe gewaschen.

Sie legt immer 2 passende zusammen.

$\boxed{} + \boxed{} + \boxed{} + \boxed{} + \boxed{} + \boxed{} + \boxed{} + \boxed{} + \boxed{} = \boxed{}$

$\boxed{} \cdot \boxed{} = \boxed{}$

② Wie viele Strümpfe sind es?

1 Paar   = 1 • 2   = _____

6 Paare = _____

9 Paare = _____

4 Paare = _____

2 Paare = _____

③ Wie viele Paare sind es?

16 Strümpfe = _____

20 Strümpfe = _____

10 Strümpfe = _____

14 Strümpfe = _____

6 Strümpfe = _____

④ Schreibe die 2-er-Reihe auf:

___ ___ ___ ___ ___ ___ ___ ___

Zauberquadrate

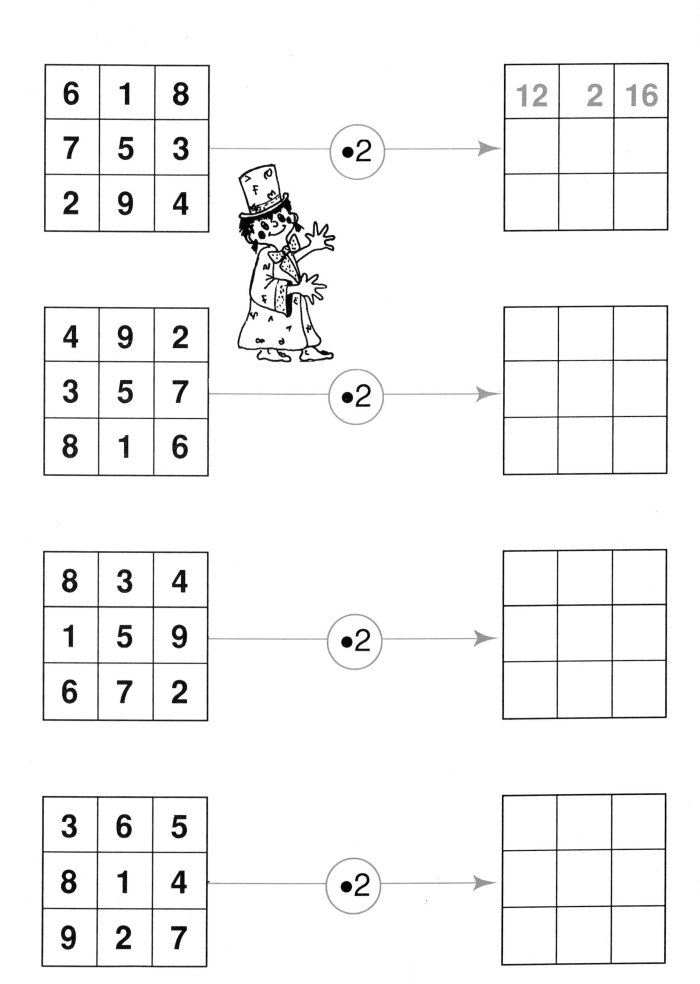

6	1	8
7	5	3
2	9	4

•2

12	2	16

4	9	2
3	5	7
8	1	6

•2

8	3	4
1	5	9
6	7	2

•2

3	6	5
8	1	4
9	2	7

•2

Merke dir:

1 • 10 = _____

2 • 10 = _____

_____ = _____

_____ = _____

_____ = _____

_____ = _____

_____ = _____

_____ = _____

10 • 10 = _____

1 • 5 = _____

2 • 5 = _____

_____ = _____

_____ = _____

_____ = _____

_____ = _____

_____ = _____

_____ = _____

10 • 5 = _____

1 • 2 = _____

2 • 2 = _____

_____ = _____

_____ = _____

_____ = _____

_____ = _____

_____ = _____

_____ = _____

_____ = _____

10 • 2 = _____

Zeige was du kannst

●	2	5	10
8			
5			
10			

●	10	5	2
5			
9			
6			

●	5	10	2
2			
9			
4			

●	2	10	5
2			
3			
4			

●	2	5	10
10			
4			
3			

●	10	5	2
6			
7			
8			

●	10	5	2
7			
3			
8			

●	2	5	10
9			
8			
7			

●	10	5	2
5			
4			
6			

●	2	5	10
3			
5			
7			

●	5	2	10
10			
2			
5			

●	5	10	2
2			
3			
4			

Punkte: _____

Einmaleins mit 4

① Frau Sommer räumt Besteck ein.

Immer 1 Messer, 1 Gabel, 1 Löffel, und 1 kleiner Löffel gehören in einen Karton.

Wie viele Teile hat sie schon eingepackt?

[ ] Teile

② Wie viele Teile sind in den Kartons?

2 Kartons = $2 \cdot 4$ = _____

8 Kartons = _____

4 Kartons = _____

3 Kartons = _____

9 Kartons = _____

7 Kartons = _____

5 Kartons = _____

6 Kartons = _____

Einmaleins mit 4

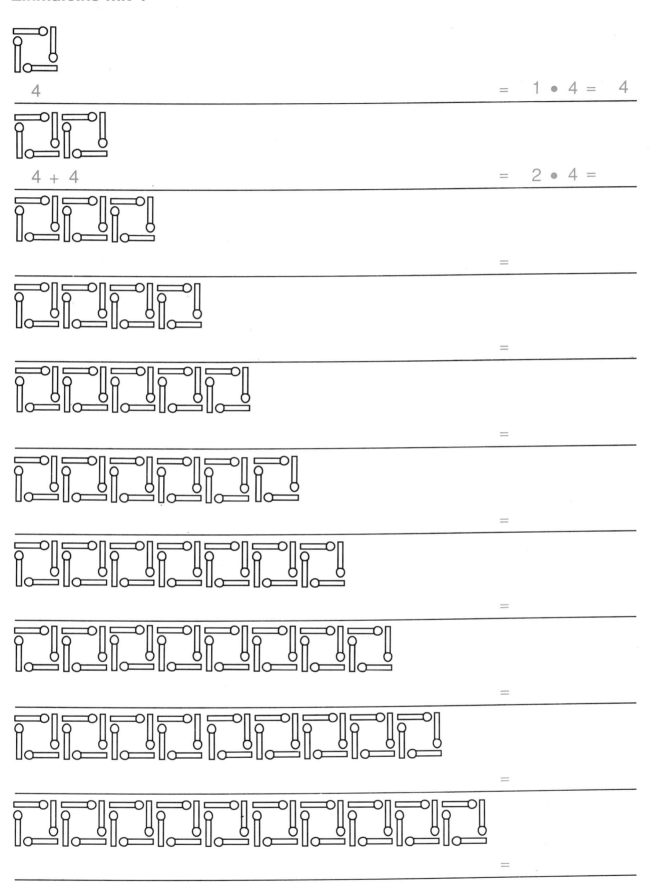

4 = 1 • 4 = 4

4 + 4 = 2 • 4 =

=

=

=

=

=

=

=

Welche Zahlen gehören zur 4-er-Reihe?
Kreise sie ein:

3, 4, 8, 10, 12, 16, 19, 20, 24, 26, 28, 30, 32, 36, 37, 40

Wir üben:

① Mats feiert Kindergeburtstag. Mutter gibt jedem Kind einen Riegel Schokolade.

Wie viele Stücke verteilt sie?

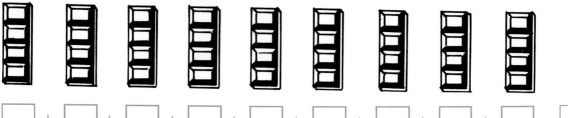

☐ + ☐ + ☐ + ☐ + ☐ + ☐ + ☐ + ☐ + ☐ = ☐

☐ • ☐ = ☐

② Wie viele Stücke sind es?

2 Riegel = 2 • 4 = _____ Stücke

6 Riegel = _____

9 Riegel = _____

7 Riegel = _____

1 Riegel = _____

③ Wie viele Riegel sind es?

12 Stücke = _____

20 Stücke = _____

40 Stücke = _____

16 Stücke = _____

32 Stücke = _____

④ Schreibe die 4-er-Reihe auf:

___ ___ ___ ___ ___ ___ ___ ___ ___ ___

40

Zauberquadrate

6	1	8
7	5	3
2	9	4

•4 →

24	4	32

4	9	2
3	5	7
8	1	6

•4 →

8	3	4
1	5	9
6	7	2

•4 →

3	6	5
8	1	4
9	2	7

•4 →

① In der Fabrik werden Trinktüten eingepackt.

Die Maschine schweißt immer 8 Tüten zu einem Paket zusammen.

Wie viele Tüten siehst du hier?

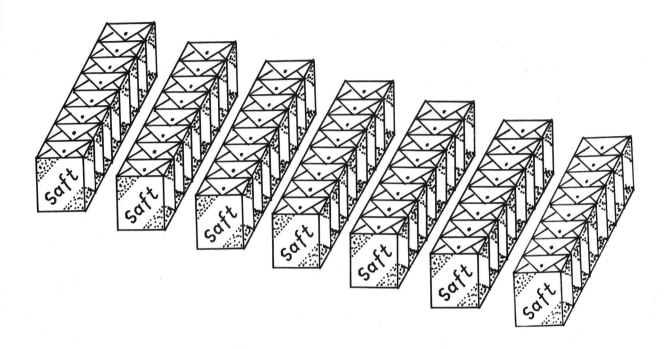

☐ Trinktüten

② Wie viele Trinktüten sind in den Paketen?

3 Pakete = _3 • 8_ =   Trinktüten _____

7 Pakete = _____

5 Pakete = _____

2 Pakete = _____

6 Pakete = _____

8 Pakete = _____

9 Pakete = _____

Einmaleins mit 8

8 = 1 • 8 = 8

8 + 8 = 2 • 8 =

=

=

=

=

=

=

=

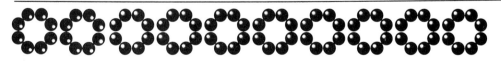

=

Welche Zahlen gehören zur 8-er-Reihe?
Kreise sie ein:

8,   16, 20, 24, 30, 32, 40, 45, 48, 56, 59, 64, 70, 72, 80

Wir üben:

① Herr Beckmann kauft Würstchen für das Kinderfest ein. In jeder Dose sind 8 Würstchen.

Wie viele Würstchen kauft er?

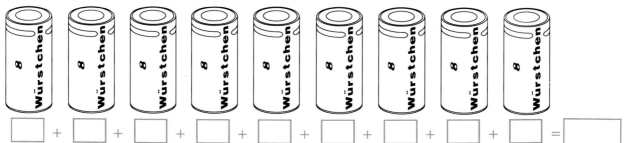

☐ + ☐ + ☐ + ☐ + ☐ + ☐ + ☐ + ☐ + ☐ = ☐

☐ • ☐ = ☐

② Wie viele Würstchen sind es?

3 Dosen = 3 • 8 = _____

7 Dosen = _____

9 Dosen = _____

4 Dosen = _____

8 Dosen = _____

③ Wie viele Dosen braucht man für die Würstchen?

16 Würstchen = _____

80 Würstchen = _____

32 Würstchen = _____

40 Würstchen = _____

8 Würstchen = _____

④ Schreibe die 8-er-Reihe auf:

___ ___ ___ ___ ___ ___ ___ ___ ___

44

Zauberquadrate

6	1	8
7	5	3
2	9	4

●8 →

48	8	64

4	9	2
3	5	7
8	1	6

●8 →

8	3	4
1	5	9
6	7	2

●8 →

3	6	5
8	1	4
9	2	7

●8 →

Merke dir:

1 • 4 = _____

2 • 4 = _____

= _____

= _____

= _____

= _____

= _____

= _____

10 • 4 = _____

1 • 8 = _____

2 • 8 = _____

= _____

= _____

= _____

= _____

= _____

= _____

= _____

10 • 8 = _____

1 • 8 = ☐ • 4   4 • 4 = ☐ • 8

3 • 8 = ☐ • 4   8 • 4 = ☐ • 8

5 • 8 = ☐ • 4   2 • 4 = ☐ • 8

2 • 8 = ☐ • 4   6 • 4 = ☐ • 8

4 • 8 = ☐ • 4   10 • 4 = ☐ • 8

•	2	8	4
6			
7			
8			
9			

•	4	2	8
2			
3			
4			
5			

•	8	2	4
3			
5			
7			
9			

•	4	2	8
2			
4			
6			
8			

•	2	8	4
5			
4			
6			
7			

•	4	8	2
9			
8			
7			
6			

•	4	2	8
7			
3			
8			
10			

•	4	2	8
8			
5			
10			
9			

Punkte:_____

Einmaleins mit 3

① Oma kauft Schokoriegel für ihre Enkelkinder.
In jeder Packung sind 3 Riegel.
Wie viele Riegel kauft sie ein?
Weißt du, wie viele Enkelkinder Oma hat?

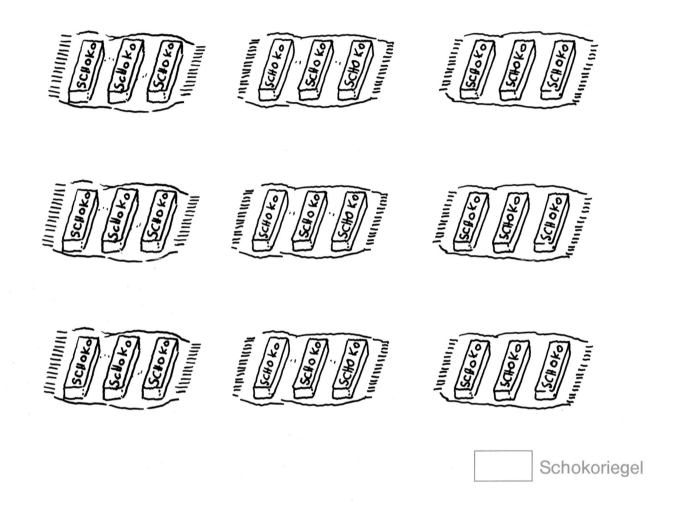

Schokoriegel

② Wie viele Schokoriegel sind in den Packungen?

4 Packungen = 4 • 3 = _____

7 Packungen = _____

10 Packungen = _____

5 Packungen = _____

2 Packungen = _____

6 Packungen = _____

8 Packungen = _____

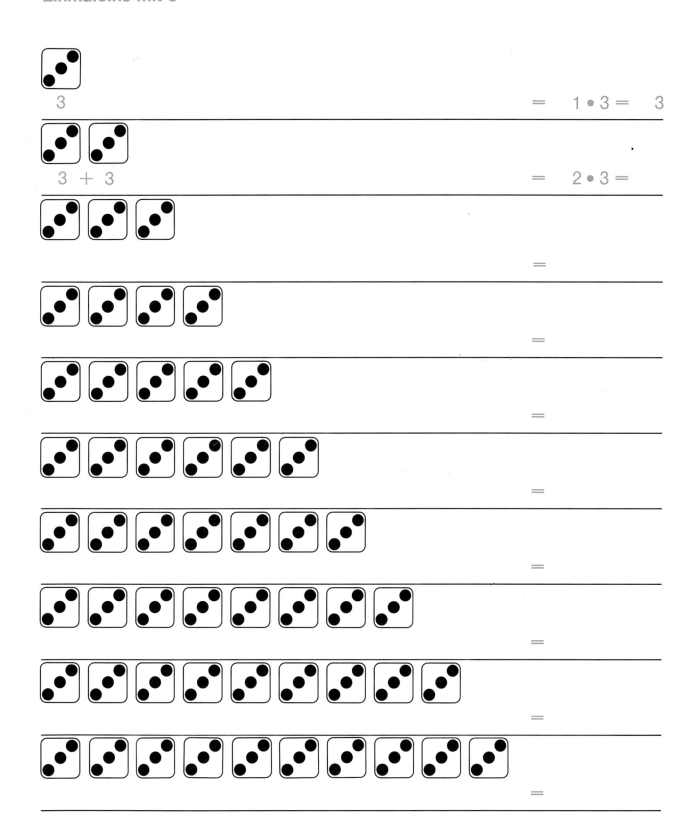

3   =   1 • 3 =   3

3 + 3   =   2 • 3 =

                                                                     =

                                                                     =

                                                                     =

                                                                     =

                                                                     =

                                                                     =

                                                                     =

                                                                     =

Welche Zahlen gehören zur 3-er-Reihe?

Kreise sie ein:

2,   3,   21,   12,   9,   24,   15,   22,   30,   18,   32,   27,   17,   6

Wir üben:

① Ulli hilft beim Obsthändler. Er packt Pampelmusen in Netze.
Wie viele Pampelmusen hat er schon eingepackt?

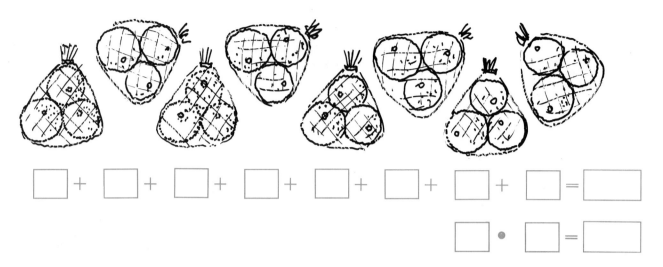

$\boxed{} + \boxed{} + \boxed{} + \boxed{} + \boxed{} + \boxed{} + \boxed{} + \boxed{} = \boxed{}$

$\boxed{} \cdot \boxed{} = \boxed{}$

② Wie viele Pampelmusen sind es?

3 Netze = $3 \cdot 3 =$ _____

7 Netze = _____

10 Netze = _____

4 Netze = _____

8 Netze = _____

③ Wie viele Netze braucht er für die Pampelmusen?

3 Pampelmusen = _____

15 Pampelmusen = _____

6 Pampelmusen = _____

18 Pampelmusen = _____

27 Pampelmusen = _____

④ Schreibe die 3-er-Reihe auf:

____ ____ ____ ____ ____ ____ ____ ____ ____ ____

Zauberquadrate

6	1	8
7	5	3
2	9	4

•3 →

18	3	24

4	9	2
3	5	7
8	1	6

•3 →

8	3	4
1	5	9
6	7	2

•3 →

3	6	5
8	1	4
9	2	7

•3 →

Einmaleins mit 6

① Frau Schneider verpackt Pralinen.
Sie legt immer 6 davon in eine Schachtel.
Wie viele Pralinen hat sie schon verpackt?

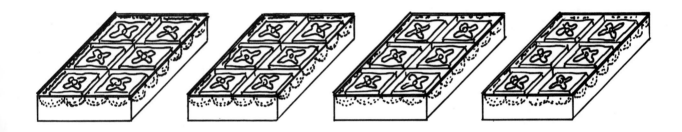

☐ Pralinen

② Wie viele Pralinen sind in den Schachteln?

2 Schachteln = $2 \bullet 6 =$ _____

5 Schachteln = _____

10 Schachteln = _____

7 Schachteln = _____

9 Schachteln = _____

3 Schachteln = _____

8 Schachteln = _____

6 Schachteln = _____

Einmaleins mit 6

6                             $=\ 1\cdot 6 =\ 6$

6 + 6 $=\ 2\cdot 6 =$

$=$

$=$

$=$

$=$

$=$

$=$

$=$

$=$

Welche Zahlen gehören zur 6-er-Reihe?

Kreise sie ein:

5,   6,   12,   15,   18,   24,   29,   30,   36,   40,   42,   48,   54,   59,   60

Wir üben:

① Bauer Klein verpackt Eier.
Wie viele Kartons hat er schon?
Wie viele Eier sind darin?

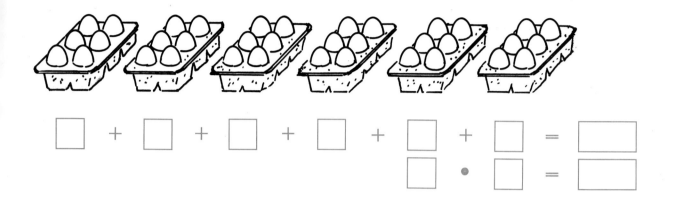

$\square$ + $\square$ + $\square$ + $\square$ + $\square$ + $\square$ = $\boxed{}$

$\square$ • $\square$ = $\boxed{}$

② Wie viele Eier passen hinein?

3 Kartons = $\underline{3 • 6 =}$ _____

7 Kartons = _____

9 Kartons = _____

2 Kartons = _____

5 Kartons = _____

③ Wie viele Kartons braucht er dafür?

6 Eier = _____

36 Eier = _____

24 Eier = _____

60 Eier = _____

48 Eier = _____

④ Schreibe die 6-er-Reihe auf:

_____ _____ _____ _____ _____ _____ _____ _____ _____

6	1	8
7	5	3
2	9	4

· 6 →

36	6	48

4	9	2
3	5	7
8	1	6

· 6 →

8	3	4
1	5	9
6	7	2

· 6 →

3	6	5
8	1	4
9	2	7

· 6 →

1 Tante Silvia zieht die Blumen für den Garten schon im Winter vor.
Sie legt immer 9 Samen in die Pflanzschale. Wie viele Samenkörner hat
sie schon eingepflanzt?

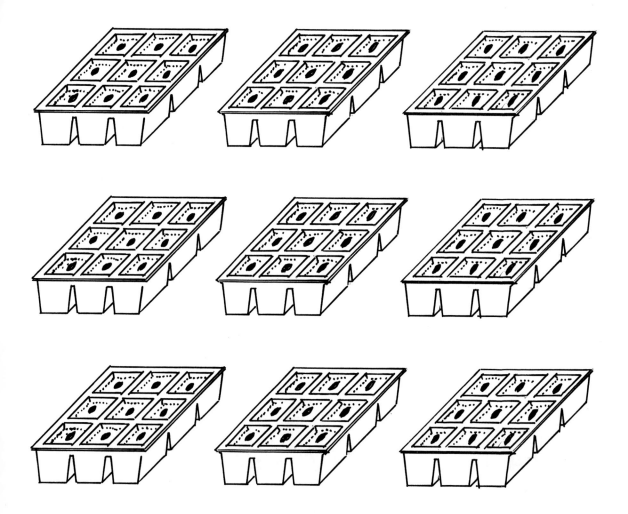

☐ Samenkörner

2 Wie viele Samenkörner liegen in den Schalen?

2 Schalen = $2 \cdot 9 =$ _____

6 Schalen = _____

9 Schalen = _____

7 Schalen = _____

5 Schalen = _____

Einmalein mit 9

9   =   1 • 9 =   9

9 + 9   =   2 • 9 =

=

=

=

=

=

=

=

=

Welche Zahlen gehören zur 9-er-Reihe?

Kreise sie ein:

9,   18,   20,   24,   27,   36,   40,   45,   50,   54,   63,   69,   72,   81,   90

Wir üben:

① Herr Schmale arbeitet an einer Maschine, die Negerküsse in Kartons verpackt. Immer neun Negerküsse passen in einen Karton.
Wie viele Negerküsse sind schon verpackt?

$\Box$ + $\Box$ + $\Box$ + $\Box$ + $\Box$ + $\Box$ + $\Box$ = $\Box$

$\Box$ • $\Box$ = $\Box$

② Wie viele Negerküsse sind hier verpackt?

6 Kartons = $6 \bullet 9 =$ _____

9 Kartons = _____

5 Kartons = _____

10 Kartons = _____

2 Kartons = _____

③ Wie viele Kartons braucht Herr Schmale für die Negerküsse?

9 Negerküsse = _____

27 Negerküsse = _____

72 Negerküsse = _____

36 Negerküsse = _____

63 Negerküsse = _____

④ Schreibe die 9-er-Reihe auf:

____ ____ ____ ____ ____ ____ ____ ____ ____

Zauberquadrate

6	1	8
7	5	3
2	9	4

$\cdot\,9$

54	9	72

4	9	2
3	5	7
8	1	6

$\cdot\,9$

8	3	4
1	5	9
6	7	2

$\cdot\,9$

3	6	5
8	1	4
9	2	7

$\cdot\,9$

1 · 3 =
2 · 3 =
=
=
=
=
=
=
=
10 · 3 =

Merke dir:

1 · 6 =
2 · 6 =
=
=
=
=
=
=
=
10 · 3 =

1 · 9 =
2 · 9 =
=
=
=
=
=
=
=
10 · 9 =

·	6	3	5	9
6				
7				
8				
9				

·	6	10	3	9
2				
3				
4				
5				

·	3	5	6	9
3				
5				
7				
9				

·	3	6	2	9
2				
4				
6				
8				

·	9	6	3	10
5				
4				
6				
7				

·	9	5	3	6
9				
8				
7				
6				

·	3	6	2	9
7				
3				
8				
10				

Punkte: _____

·	5	6	3	9
8				
5				
10				
9				

1 Jana bastelt für ihren Vater einen Kalender. Für jede Woche nimmt sie ein neues Blatt. Wie viele Tage hat sie schon aufgeschrieben?

1. Woche						
Mo.	Di.	Mi.	Do.	Fr.	Sa.	So.

2. Woche						
Mo.	Di.	Mi.	Do.	Fr.	Sa.	So.

3. Woche						
Mo.	Di.	Mi.	Do.	Fr.	Sa.	So.

4. Woche						
Mo.	Di.	Mi.	Do.	Fr.	Sa.	So.

5. Woche						
Mo.	Di.	Mi.	Do.	Fr.	Sa.	So.

6. Woche						
Mo.	Di.	Mi.	Do.	Fr.	Sa.	So.

7. Woche						
Mo.	Di.	Mi.	Do.	Fr.	Sa.	So.

8. Woche						
Mo.	Di.	Mi.	Do.	Fr.	Sa.	So.

[   ] Tage

2 Wie viele Tage stehen auf dem Kalenderblättern?

2 Blätter = $2 \cdot 7 =$ _____

6 Blätter = _____

9 Blätter = _____

4 Blätter = _____

3 Blätter = _____

Einmaleins mit 7

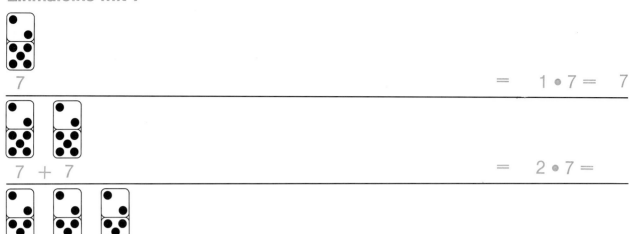

7   =   1 • 7 =   7

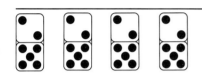

7 + 7   =   2 • 7 =

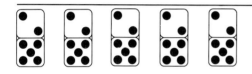

=

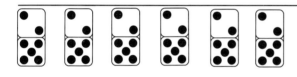

=

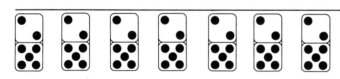

=

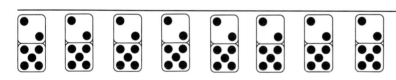

=

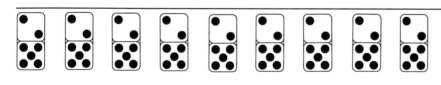

=

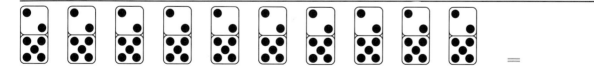

=

=

=

Welche Zahlen gehören zur 7-er-Reihe?

Kreise sie ein:

5,   7,   14,   20,   21,   28,   34,   35,   42,   49,   53,   56,   63,   70

Einmaleins mit 7

① Das neue Rathaus ist fertig. Mathias staunt über die vielen Fenster. Er zählt:

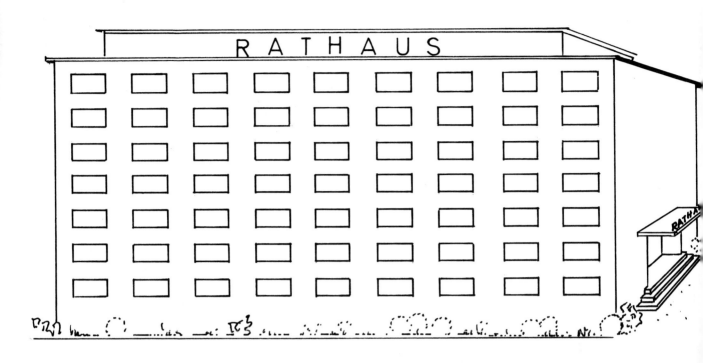

□ + □ + □ + □ + □ + □ + □ + □ + □ = □

□ • □ = □

② Wie viele Fenster sind übereinander?

6 Reihen = $6 \cdot 7 =$ _____

3 Reihen = _____

9 Reihen = _____

7 Reihen = _____

5 Reihen = _____

8 Reihen = _____

2 Reihen = _____

③ Schreibe die 7-er-Reihe auf:

____ ____ ____ ____ ____ ____ ____ ____

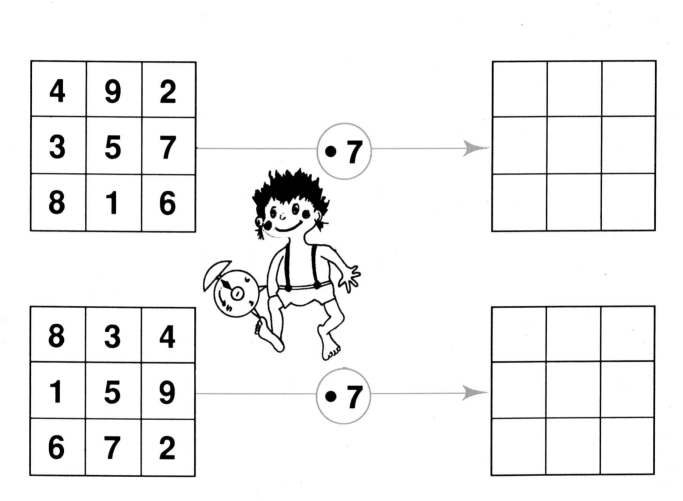

6	1	8
7	5	3
2	9	4

• 7

42	7	56

4	9	2
3	5	7
8	1	6

• 7

8	3	4
1	5	9
6	7	2

• 7

3	6	5
8	1	4
9	2	7

• 7

Wir üben:

Schreibe die Aufgaben auf.
Beginne mit der oberen Zahl.

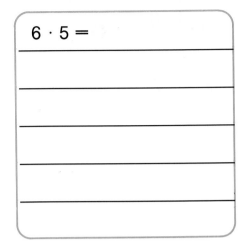

6 · 5 =

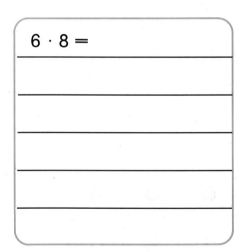

6 · 8 =

9 · 6 =

Wir üben:

Schreibe die Aufgaben auf.
Beginne immer mit der oberen Zahl.

9 · 4 =

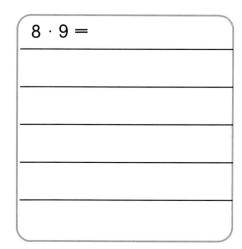

8 · 9 =

7 · 7 =

Zeige, was du kannst:

A	B	C
4 · 3 =	9 · ☐ = 18	☐ · 4 = 8
6 · 7 =	8 · ☐ = 24	☐ · 8 = 16
8 · 2 =	6 · ☐ = 24	☐ · 7 = 14
9 · 4 =	5 · ☐ = 25	☐ · 3 = 9
7 · 6 =	4 · ☐ = 24	☐ · 8 = 40
5 · 8 =	7 · ☐ = 49	☐ · 7 = 35
3 · 3 =	2 · ☐ = 16	☐ · 4 = 20
2 · 5 =	9 · ☐ = 81	☐ · 3 = 18
8 · 7 =	3 · ☐ = 27	☐ · 2 = 18
6 · 9 =	5 · ☐ = 40	☐ · 4 = 16
4 · 2 =	7 · ☐ = 56	☐ · 6 = 30
9 · 6 =	9 · ☐ = 72	☐ · 9 = 45
7 · 8 =	4 · ☐ = 28	☐ · 6 = 54
5 · 9 =	6 · ☐ = 42	☐ · 9 = 72
3 · 7 =	8 · ☐ = 48	☐ · 5 = 15
9 · 3 =	2 · ☐ = 12	☐ · 2 = 18
2 · 9 =	3 · ☐ = 15	☐ · 6 = 36
7 · 7 =	5 · ☐ = 25	☐ · 9 = 36
4 · 5 =	7 · ☐ = 28	☐ · 5 = 15
5 · 3 =	9 · ☐ = 36	☐ · 9 = 27
6 · 2 =	8 · ☐ = 16	☐ · 4 = 32
8 · 4 =	6 · ☐ = 54	☐ · 6 = 18
9 · 9 =	4 · ☐ = 36	☐ · 8 = 64

Punkte: _____

68

·	2	3	4	5
2				
3				
4				
5				

·	6	7	8	9
2				
3				
4				
5				

·	6	7	8	9
6				
7				
8				
9				

·	2	4	6	8
2				
4				
6				
8				

·	3	5	7	9
2				
4				
6				
8				

·	3	5	7	9
3				
5				
7				
9				

·	5	10	4	3
2				
3				
4				
5				

·	4	5	3	10
9				
8				
7				
6				

·	7	5	4	10
5				
4				
6				
7				

·	6	7	8	9
10				
2				
5				
7				

·	4	6	7	9
8				
5				
10				
9				

·	3	5	2	8
7				
3				
8				
10				

Punkte: _____

Rechengeschichten

① Herr Becker will eine Hecke pflanzen. Er braucht 9 Sträucher. Jeder Strauch kostet 10 DM.

Frage: _____

_____

Rechnung: _____

Antwort: _____

_____

② Der Hausmeister der Schule muß einige Tannen auswechseln. Er kauft 7 neue Bäume, das Stück zu 6 DM.

Frage: _____

_____

Rechnung: _____

Antwort: _____

_____

③ Frau Mushoff kauft Stiefmütterchen für den Balkon. Sie nimmt 9 Stück. Jedes kostet 2 DM.

Frage: _____

_____

Rechnung: _____

Antwort: _____

_____

④ Die Klasse 6b braucht Geld für die Klassenfahrt. Sie waschen an einem Samstagmorgen 9 Autos. Für jedes Auto bekommen sie 6 DM.

Frage: _____

_____

Rechnung: _____

Antwort: _____

_____

Der Tausenderstreifen

① Male in jedes Hunderterfeld Punkte in einer anderen Farbe.

② Schneide die 10 Felder aus und klebe sie nebeneinander.

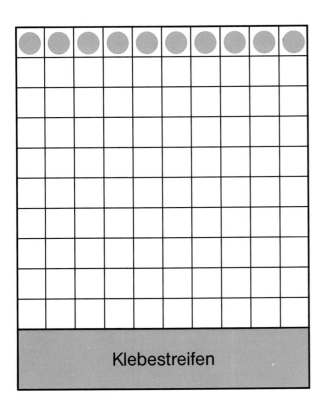

Abdeckblatt

Abdeckblatt

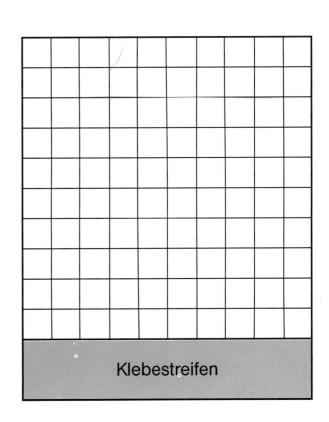

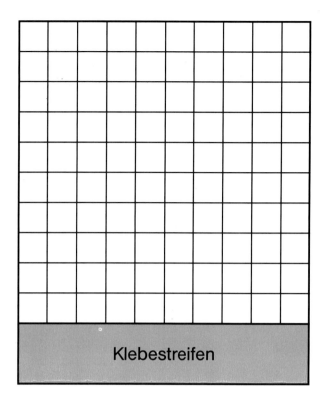

Klebestreifen

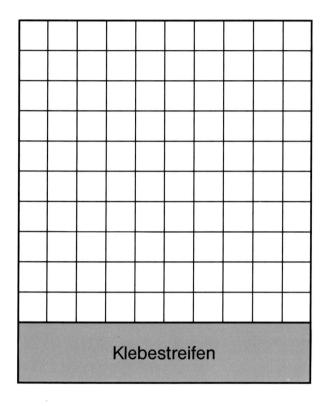

Klebestreifen

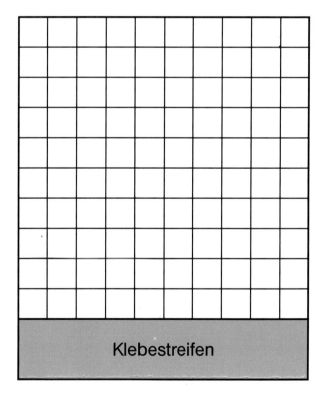

Klebestreifen

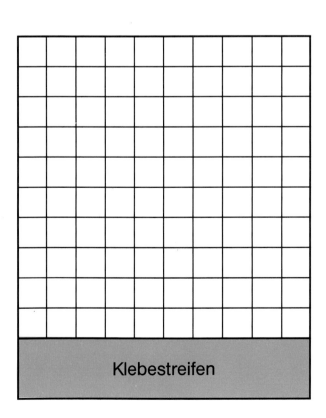

Klebestreifen

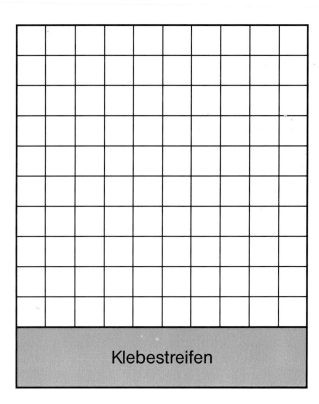

Klebestreifen

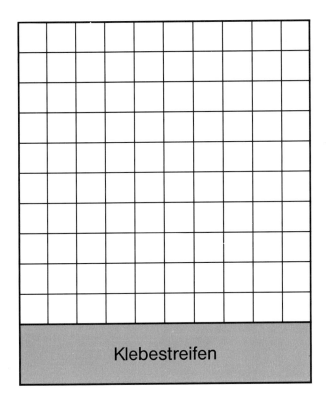

Klebestreifen

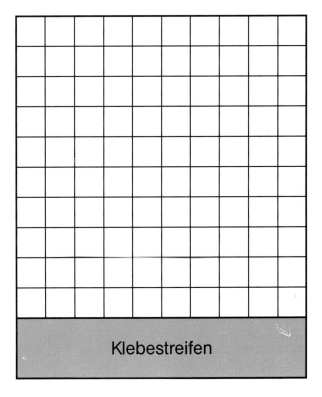

Klebestreifen

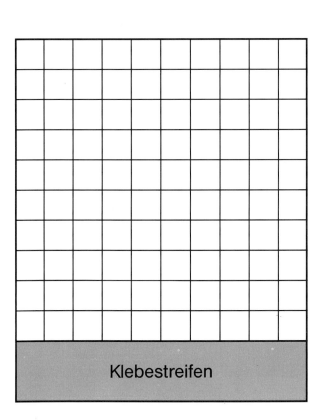

Klebestreifen

Rechnen mit dem Tausenderstreifen

① Zeige am Tausenderstreifen:
(Decke mit den beiden Abdeckblättern die übrigen Punkte ab).

200,	400,	700,	900,	300,	500,	800
150,	290,	410,	680,	720,	490,	370,
275,	841,	736,	367,	995,	138,	484,
106,	308,	402,	907,	509,	605,	203,

② Rechne mit Hilfe des Tausenderstreifens:

200 + 100 = ☐   400 + 200 = ☐

400 + 100 = ☐   700 + 300 = ☐

700 + 100 = ☐   200 + 600 = ☐

900 + 100 = ☐   300 + 400 = ☐

300 + 100 = ☐   500 + 200 = ☐

600 + 400 = ☐   200 + 600 = ☐

200 + 700 = ☐   900 + 100 = ☐

500 + 400 = ☐   300 + 200 = ☐

100 + 700 = ☐   400 + 500 = ☐

300 + 300 = ☐   200 + 200 = ☐

Rechnen mit dem Tausenderstreifen

① Wir üben:

800 − 100 = ☐		600 − 500 = ☐
600 − 100 = ☐		900 − 300 = ☐
200 − 100 = ☐		1000 − 500 = ☐
500 − 100 = ☐		400 − 300 = ☐
700 − 100 = ☐		800 − 700 = ☐

600 − 200 = ☐		500 − 200 = ☐
900 − 800 = ☐		1000 − 900 = ☐
500 − 400 = ☐		500 − 500 = ☐
1000 − 700 = ☐		800 − 400 = ☐
200 − 200 = ☐		600 − 300 = ☐

② Kannst du das?

1000 → −200 → −300 → −100 → −400 = ◯

200 → +100 → +300 → +200 → +100 = ◯

400 → +300 → −200 → −300 → +500 = ◯

900 → −800 → +200 → +400 → −300 = ◯

800 → −500 → −200 → +400 → −500 = ◯

Zahlenrätsel

Ulla und Rieke malen Zahlenrätsel.
Kannst du mitspielen?

①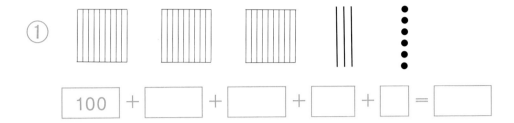

$$100 + \boxed{} + \boxed{} + \boxed{} + \boxed{} = \boxed{}$$

②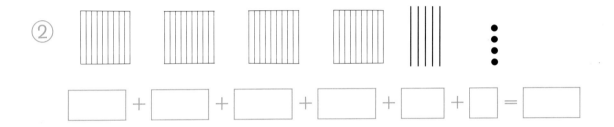

$$\boxed{} + \boxed{} + \boxed{} + \boxed{} + \boxed{} + \boxed{} = \boxed{}$$

③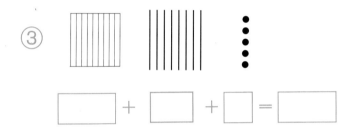

$$\boxed{} + \boxed{} + \boxed{} = \boxed{}$$

④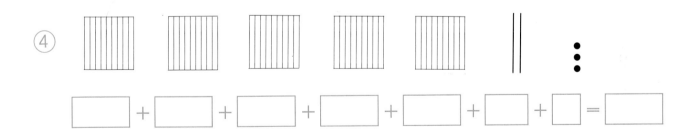

$$\boxed{} + \boxed{} + \boxed{} + \boxed{} + \boxed{} + \boxed{} + \boxed{} = \boxed{}$$

Hast du erraten, was diese Zeichen bedeuten?

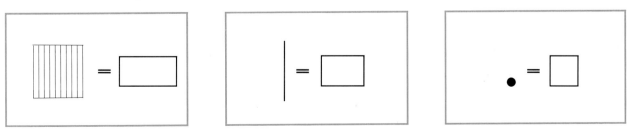

79

Zahlenrätsel

Nun bist du dran. Male folgende Zahlen auf:

① ⎮⎮⎮⎮⎮⎮⎮ +

_____

$172 = \boxed{100} + \boxed{70} + \boxed{2}$

②

_____

$256 = \boxed{} + \boxed{} + \boxed{} + \boxed{}$

③

_____

$435 = \boxed{} + \boxed{} + \boxed{} + \boxed{} + \boxed{} + \boxed{}$

④

_____

$369 = \boxed{} + \boxed{} + \boxed{} + \boxed{} + \boxed{}$

⑤

_____

$513 = \boxed{} + \boxed{} + \boxed{} + \boxed{} + \boxed{} + \boxed{} + \boxed{}$

Rechnen mit dem Zahlenhaus

	H	Z	E	
195	1	9	5	1 H 9 Z 5 E
361				
587				
346				
753				
638				
972				
150				
821				
507				
233				
664				
559				
186				
902				
499				
258				
706				
674				
518				
932				
165				

Rechnen mit der Kasse

① Herr Sauer holt sein Auto aus der Werkstatt ab. Er muß 128 DM für die Reparatur bezahlen und 31 DM für einen Ölwechsel.
Die Kassiererin tippt die Preise in die Kasse ein:

Kasse		
H	Z	E
1	2	8
+		
=		

Herr Sauer muß ⬚ DM bezahlen.

② Nun darfst du kassieren:

113 DM + 52 DM = ⬚ DM

Kasse		
H	Z	E
+		
=		

245 DM + 23 DM = ⬚ DM

Kasse		
H	Z	E
+		
=		

62 DM + 214 DM = ⬚ DM

Kasse		
H	Z	E
+		
=		

Rechengeschichten

Auf der Kirmes ist eine Schießbude. Uwe, Kai und Thomas schießen.

```
      100
      150
      200
      250
      300
      250
      200
      150
      100
```

Thomas

Frage: _____

_____

Rechnung: _____

Antwort: _____

_____

```
      100
      150
      200
      250
      300
      250
      200
      150
      100
```

Kai

Frage: _____

_____

Rechnung: _____

Antwort: _____

_____

```
      100
      150
      200
      250
      300
      250
      200
      150
      100
```

Uwe

Frage: _____

_____

Rechnung: _____

Antwort: _____

_____

Wer ist der Sieger? _____

Rechengeschichten

① Familie Breuer braucht eine neue Waschmaschine. Die Maschine soll 690 DM kosten. Wegen einer kleinen Beule im Blech bezahlt Frau Breuer 70 DM weniger.

Frage: _____

_____

Rechnung: _____

Antwort: _____

_____

② Im Stadttheater wird ein Märchen gespielt. Von den 250 Karten sind schon 215 verkauft.

Frage: _____

_____

Rechnung: _____

Antwort: _____

_____

③ In der Schülerbücherei gibt es 480 Bücher. In dieser Woche sind 72 Bücher ausgeliehen.

Frage: _____

_____

Rechnung: _____

Antwort: _____

_____

④ Beim Sommerfest werden 1000 Lose verkauft. Nach einer Stunde sind bereits 594 Lose verkauft.

Frage: _____

_____

Rechnung: _____

Antwort: _____

_____

Rechengeschichten

① In der Baumschule Schubert werden im Frühling 500 junge Tannen gepflanzt. Im Herbst sind 73 davon vertrocknet.

Frage: _____

_____

Rechnung: _____

Antwort: _____

_____

② Ulli verteilt Prospekte. In dieser Woche muß er 380 davon verteilen. Montag und Dienstag schafft er 210 Prospekte.

Frage: _____

_____

Rechnung: _____

Antwort: _____

_____

③ In der Druckerei werden Poster gedruckt. Bis zur Mittagspause schafft der Drucker 392 Poster, nach der Pause noch einmal 388.

Frage: _____

_____

Rechnung: _____

Antwort: _____

_____

④ Die Waldschule hat 638 Schüler. Beim Sportfest bekommen 473 Kinder eine Siegerurkunde.

Frage: _____

_____

Rechnung: _____

Antwort: _____

_____

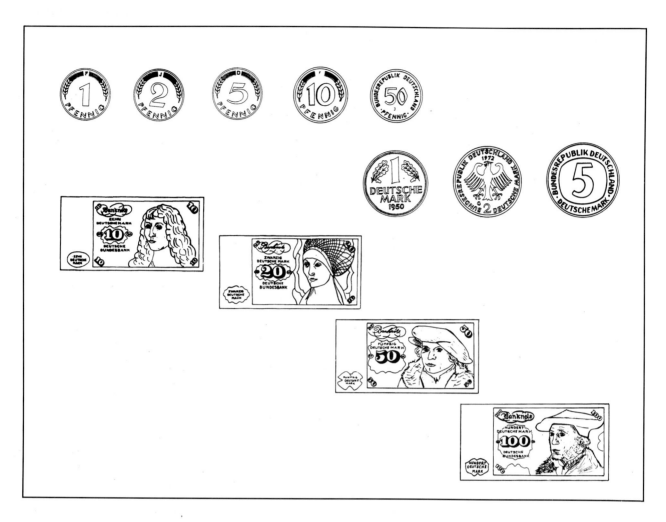

Weißt du, wieviel DM das sind?

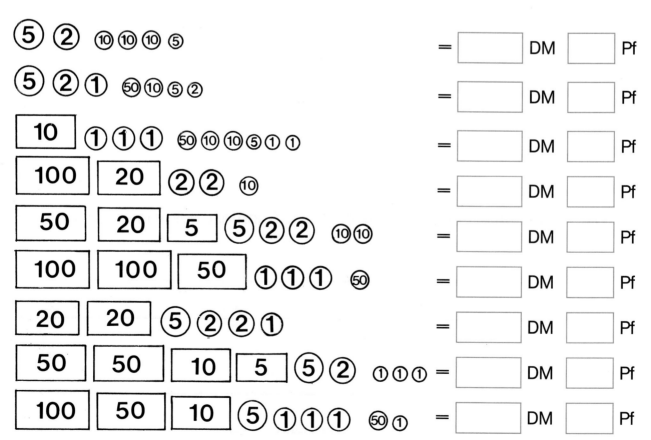

(5) (2) ⑩⑩⑩⑤   = [   ] DM [   ] Pf

(5) (2) (1) ㊿⑩⑤②   = [   ] DM [   ] Pf

[10] (1)(1)(1) ㊿⑩⑩⑤①①   = [   ] DM [   ] Pf

[100] [20] (2)(2) ⑩   = [   ] DM [   ] Pf

[50] [20] [5] (5)(2)(2) ⑩⑩ = [   ] DM [   ] Pf

[100] [100] [50] (1)(1)(1) ㊿ = [   ] DM [   ] Pf

[20] [20] (5)(2)(2)(1)   = [   ] DM [   ] Pf

[50] [50] [10] [5] (5)(2) ①①① = [   ] DM [   ] Pf

[100] [50] [10] (5)(1)(1)(1) ㊿① = [   ] DM [   ] Pf

Wir kaufen ein

(1) Michael sagt: 1 Zeichenblock kostet 1 DM und 90 Pf.
Die Kasse schreibt es aber so: 1,90 DM

Schreibe auf: 1 DM   90 Pf = _____ DM

(2) Vater sagt: Das Waschpulver kostet 11 DM und 49 Pf.
Die Kasse schreibt es aber so: 11,49 DM

Schreibe auf: _____ DM _____ Pf = _____ DM

(3) Der Lehrer sagt: Der Eintritt in den Zoo kostet 3 DM und 20 Pf.
Auf der Eintrittskarte steht aber: 3,20 DM

Schreibe auf: ___ DM _____ Pf = _____ DM

(4) Kai darf sich ein Flugzeug kaufen. Es kostet 9 DM und 80 Pf. Auf dem
Kassenbon steht aber: 9,80 DM

Schreibe auf: ___ DM _____ Pf = _____ DM

Weißt du, was die Abkürzungen bedeuten?

DM heißt _____

Pf heißt _____

Schreibe auf, wie du diese Preise lesen mußt:

| 3,95 DM | = | _____ DM | Pf |

| 49,95 DM | = | _____ DM | Pf |

| 17,50 DM | = | _____ DM | Pf |

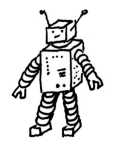

| 19,95 DM | = | _____ DM | Pf |

| 7,80 DM | = | _____ DM | Pf |

| 34,60 DM | = | _____ DM | Pf |

Wir rechnen mit Geld

① Lisa und Lena kaufen für ihre Oma eine Topfblume mit einem Übertopf.

Frage: _____

_____

| 7,50 DM | | 5,30 DM |

Rechnung: | 7,50 DM | + | 5,30 DM | = | , DM |

DM	Pf
7 DM	Pf
+ 5 DM	+ Pf
= DM	= Pf

= | DM Pf |

Antwort: _____

_____

Rechne ebenso:

② 10,30 DM + 4,60 DM   = | , Pf |

DM	Pf
DM	Pf
+ DM	+ Pf
= DM	= Pf

= | DM Pf |

Wir rechnen mit Geld

③ 35,10 DM + 7,40 DM   = [   ]

DM	Pf
DM	Pf
+ DM	+ Pf
= DM	= Pf

= [   ]

④ 59,50 DM + 20,30 DM   = [   ]

DM	Pf
DM	Pf
+ DM	+ Pf
= DM	= Pf

= [   ]

⑤ 17,80 DM + 13,10 DM   = [   ]

DM	Pf
DM	Pf
+ DM	+ Pf
= DM	= Pf

= [   ]

⑥ 8,40 DM + 26,50 DM   = [   ]

DM	Pf
DM	Pf
+ DM	+ Pf
= DM	= Pf

= [   ]

Wir rechnen mit Geld

① Die Klasse 4a hat in der Klassenkasse 63,80 DM.
   Der Besuch im Kino kostet 32,60 DM.

Frage: _____

_____

Rechnung: 63,80 DM − 32,60 DM   =   [,   DM]

DM	Pf
63 DM	80 Pf
− 32 DM	− 60 Pf
= DM	= Pf

= [DM   Pf]

Antwort: _____

_____

Rechne ebenso:

② 25,70 DM − 3,20 DM   =   [DM   Pf]

DM	Pf
DM	Pf
− DM	− Pf
= DM	= Pf

= [DM   Pf]

③ 68,60 DM − 16,30 DM   =   [DM   Pf]

DM	Pf
DM	Pf
− DM	− Pf
= DM	= Pf

= [DM   Pf]

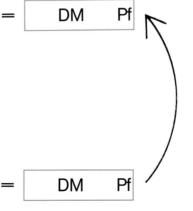

Damit kannst du messen:

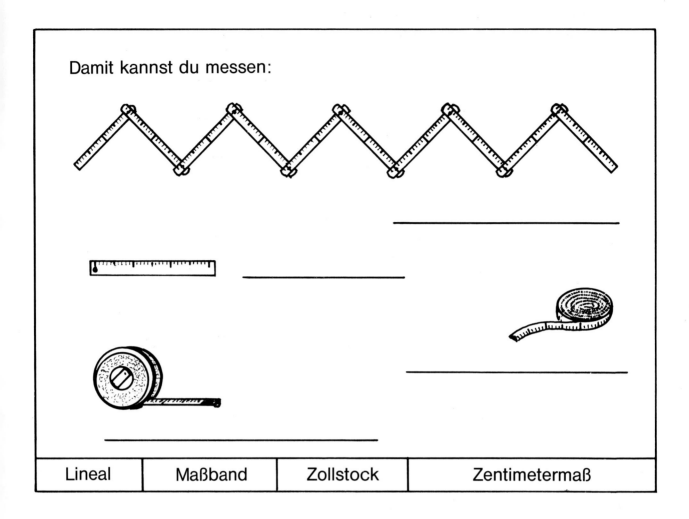

| Lineal | Maßband | Zollstock | Zentimetermaß |

Robin bekommt von seinem Opa einen Zollstock geschenkt. Er weiß schon, wie er damit messen kann:

Die kleinen Striche messen die Millimeter.

Die großen Striche messen die Zentimeter.

Der Zollstock ist insgesamt 2 Meter lang.

Opa erklärt: Diese Namen kannst du abkürzen.

1 Meter wird abgekürzt: 1 m

1 Zentimeter wird abgekürzt: 1 cm

1 Millimeter wird abgekürzt: 1 mm

Meter, Zentimeter, Millimeter

① Robin mißt seine Buntstifte aus.
Lies laut vor, was er gemessen hat:

roter Stift:	15 cm 5 mm
blauer Stift:	14 cm 3 mm
grüner Stift:	14 cm 7 mm
brauner Stift:	15 cm 9 mm
gelber Stift:	13 cm 6 mm
schwarzer Stift:	12 cm 8 mm

② Nun sollst du die Sachen in deinem Etui ausmessen:

Füller:	___ cm ___ mm ___
Bleistift:	___ cm ___ mm ___
Anspitzer:	___ cm ___ mm ___
Filzstift:	___ cm ___ mm ___
Buntstift:	___ cm ___ mm ___
Patrone:	___ cm ___ mm ___

③ Wer weiß das schon?

1 cm hat ☐ mm

1 m hat ☐ cm

1 m hat ☐ mm

Meter und Zentimeter

① Heute ist Schuluntersuchung. Alle Kinder werden gemessen.

Manuela ist <u>1 m und 32 cm</u> groß.

Die Ärztin schreibt es anders in die Liste.

Sie schreibt: <u>1,32 m</u>

Heike ist 1 m und 21 cm groß.

Die Ärztin schreibt: <u>   ,   </u> m

② So sieht die Liste aus:

Wir schreiben: Wir sprechen:

Manuela	: 1,32 m	⟶	m	cm
Heike	: 1,21 m	⟶	m	cm
Nadine	: 1,36 m	⟶	m	cm
Edgar	: 1,37 m	⟶	m	cm
Sascha	: 1,43 m	⟶	m	cm
Ingo	: 1,24 m	⟶	m	cm
Selim	: 1,42 m	⟶	m	cm
Marco	: 1,46 m	⟶	m	cm
Sven	: 1,50 m	⟶	m	cm
Michael	: 1,48 m	⟶	m	cm

Beim Sportfest

① Die Klasse 5 beginnt mit dem Ballwurf:

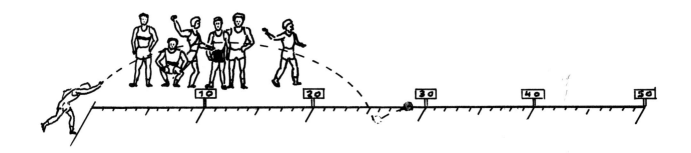

Marco	wirft	49 m	76 cm.
Mehmet	wirft	48 m	35 cm.
Mike	wirft	26 m	50 cm.
Uwe	wirft	38 m	91 cm.
Sabrina	wirft	39 m	85 cm.
Andreas	wirft	42 m	63 cm.
Saskia	wirft	29 m	12 cm.

② Frau Klein schreibt die Ergebnisse auf.

Marco   : _____ m

Mehmet : _____ m

Mike   : _____ m

Uwe   : _____ m

Sabrina : _____ m

Andreas : _____ m

Saskia   : _____ m

Beim Sportfest

① Die Klasse 6 muß zuerst zum Weitsprung.

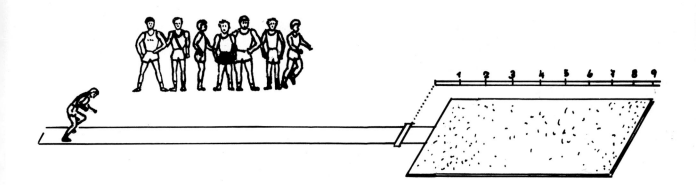

Silke	springt	3 m	48 cm.
Claudia	springt	2 m	98 cm.
Bianca	springt	3 m	62 cm.
Susanne	springt	3 m	5 cm.
Olaf	springt	3 m	82 cm.
Thomas	springt	4 m	3 cm.
Mirco	springt	4 m	26 cm.
Peter	springt	4 m	31 cm.

② Herr Schulze schreibt die Ergebnisse auf:

Silke : _____ m

Claudia : _____ m

Bianca : _____ m

Susanne: _____ m

Olaf : _____ m

Thomas : _____ m

Mirco : _____ m

Peter : _____ m